Poesiens blå blomst

Forfatter & foredragsholder
Stig Colbjørn Nielsen

www.colbjørn.dk

Stig Colbjørn Nielsen

Poesiens blå blomst

Digte fra Agersø

Kolofon

Poesiens blå blomst
Digte fra Agersø

© 2024 Stig Colbjørn Nielsen
Forlag: BoD · Books on Demand GmbH, In de Tarpen 42,
22848 Norderstedt, Tyskland
Tryk: Libri Plureos GmbH, Friedensallee 273,
22763 Hamborg, Tyskland

Sats: Adope Garamond & Footlight MT Light
Redigering & grafik: "BLÆKHUSET"
Cover: EasyCOVER ©
Omslagsillustration: Stig Colbjørn Nielsen
Illustr.: "BLÆKHUSETS" private fotosamling ©

1. udgave, 1. oplag
ISBN: 978-87-4305-856-4

www.bod.dk

Blå cikorie

Digtene til dig

Det, vi ser	Side	8
Jeg har hørt alting		9
Nuet		12
Indrammet		14
Skyggernes magt		16
Stilhedens melodi		18
Englelyd		20
Haiku ved vand		23
Det uundgåelige		26
Huldre fra havet		28
Natten		31
Samtale		33
Litteraturens parasit		35
Empiri & Mystik		37
Blæsevejrstanker		39
Fra Agersøs magi		41
Det vilde ridt over Tværbjerg		43
Smeltediglen		45
Er her nogen?		47
The unspeakable		48
Romantik		49
Agersøs Pris		51
Kvinden fra havet		53
Mysteriet		55
Det blev sagt		57
Vore vilde viljer		59
Indsigtens univers		61
Det ubegribelige er her		63

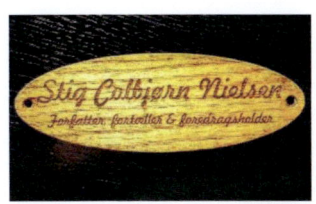

Billeddigte & illustrationer:

Forfatterportræt	Side:	02
Lille trold, tegning af forfatteren		04
Blå cikorie		05
Forfatterens dørskilt		07
Vindue til verden, fotokunst af forfatteren		11
På landevejen		13
Fra stranden		15
Skyggeløs vandmand		17
Noder for stilhed		19
Skaberkraft, fotokunst af forfatteren		22
Solnedgang		25
Udelukkelse/Porten		27
Huldre fra havet		28
Sangen om Larsen, tegning af J. Kirstine Pedersen		30
Vinter		32
Ildens kraft, fotokunst af forfatteren		34
Læsende engel		36
Smertens kors		38
Klaveret, fotokunst af forfatteren		40
Trolden i Tværbjerg, fotokunst af forfatteren		42
Herreværelseshygge		44
S/S Skjelskør		46
Kærligheden, fotokunst af Daniel T. Rasmussen		49
Vinterstilhed		50
Vinylplade		52
Strand & hav		54
Vinterskumring		56
Markchampignon		58
Romersk skulptur		60
Klogeuglen ser dig, tegning af forfatteren		62
Blækhuset		64

Det, vi er

Stilhedens blå højtidelighed,
Stjernehimmelens lyse uendelighed.

Er alle vore sjæles kolde ensomhed.

Endelighedens ligegyldighed
Med sin tyngende kraft
Gennemlever vi umærkeligt
Under nattehimlens stjerner.

Tankernes veje på vilde vinger
Tager os ud, hvor ingen vej går hjem.

Nattemørkets uendelighed
I den sorte evighed,
Brydes af det indre øjes lys,
Personlighedens individualitet
Genskabt i månelysets sølv.

Indsigtens dybeste tvivl fløjet bort.

Tilbage står æstetikken,
Som det vi virkelig er;
Og med etikken,
Som vejen vi følger.

Storhedens tomhed fylder sindene ud
Med det at være ladt alene tilbage.

Jeg rækker dig min hånd.
I mine tanker når du mig.

Jeg har hørt alting

Jeg har hørt sneen falde,
- *hvid, lydløs, svævende!*
Jeg har hørt tågen lette,
- *grå, våd, bølgende!*
Jeg har hørt livet komme.

Der er ingen lyd,
- *når sneen falder blidt.*
Der er ingen lyd,
- *når tågen letter sløret.*
Der er ingen lyd,
- *når livet kommer i moders liv.*

Jeg har hørt sneen!
   Jeg har hørt tågen!
      Jeg har hørt livet!

Jeg har hørt lysets landskab,
   Jeg har hørt stilhedens melodi,
      Jeg har hørt tanker komme.

Der er ingen lyd,
- *når lyset bryder mørket.*
Der er ingen lyd,
- *når stilheden synger.*
Der er ingen lyd,
- *når tanker tænkes.*

Jeg har hørt lyset!
  Jeg har hørt stilheden!
    Jeg har hørt tankerne!

Jeg har hørt længslerne,
  Jeg har hørt savnene,
    Jeg har hørt sjælene.

Der er ingen lyd,
  - når længsler kommer.
Der er ingen lyd,
  - når savn fornemmes.
Der er ingen lyd,
  - når sjæle favnes.

Jeg har hørt længslen,
  Jeg har hørt savnet,
    Jeg har hørt sjælen,
      Jeg har hørt stilheden.

Jeg har hørt alting,
  Jeg har hørt ingenting

Vindue til verden!

Nuet

Øjeblikket
Imellem
Før og nu
Er kommet,

Når uventet
Erkendelse
Pludselig opstår
Ud af intet

I det ophørte
Splitsekund,
Som gyldent
Fornemmes
Uendelig smukt
Skelsættende
Rislende varmt

Og mærkeligt
Endeløst

På landevejen

Indrammet

Verden udenfor,
Er et billede
I verden indenfor.

Smuk,
Overskuelig
I livets ramme,

Så længe ingen
Forstyrrer
Den statiske
Opstilling af alting
Og ingenting

I fragmentering,
Så dele af verden
Udenfor
Forlader
Det trygge blå
Endimensionale
Billede i verden

Indenfor,
Hvor de foranderlige
Ansigter
Lever som spejle

Af maskerne udenfor
I gåderne indenfor.

Livskraft

Skyggernes magt

Hun stirrede vildt frem for sig
Ville virkelig kæmpe og slås
Ville nå ud til sin egen skygge!

Hun kunne se sin mørke skygge
Glide fremad og udad i verden
Berøre omfavne opsuge alting
Alt det og alle dem hun ville nå.

Rakte hun ud efter sin skygge
Forsvandt den mellem fingrene
Opløst og umulig at nå frem til.

Hun ville have sin egen skygge,
Skyggen var dog hendes egen,
Alligevel var den helt uopnåelig.

Så en solskinsdag gav hun op,
Måtte erkende blankt og træt
Uden skyggen var hun slet ikke,
Hun var i skyggernes verden.

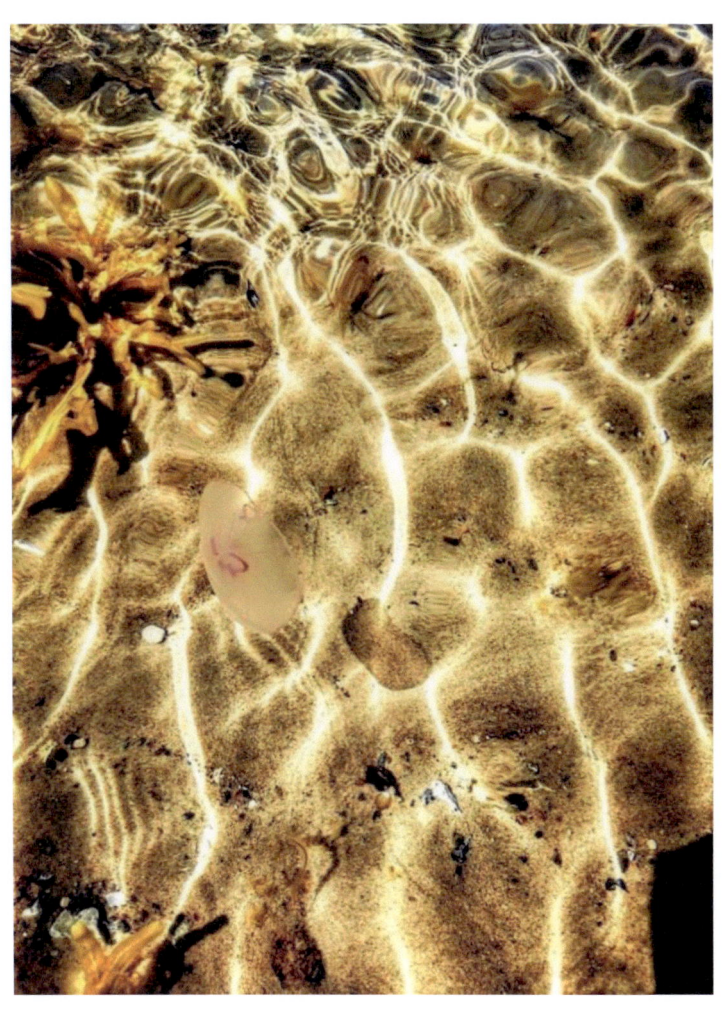

Skyggeløs vandmand

Stilhedens melodi

Indimellem fanger jeg
Selve stilheden,
Evighedens melodi.

Uventet, uforudset
Upraktisk, uhjælpeligt.

Skønheden i melodien,
Stilhedens symfoni
*Kakofonien af ingenting
Og alting i uendelighed*

Vælter min verden,
Standser tiden.
Giver mig et klarsyn,
Jeg brændende ønsker
At kunne dele.

Væggene bliver nøgne,
Rummet udvider sig
Usigelige fornemmelser
*Af frihed,
Forståelse,
Sammenhæng.*

Nu ved jeg,
hvordan verden
hænger sammen,

Jeg ser lyset
Som lyd,
Jeg hører lyden
Som lys.

Jeg forstår det hele,
Jeg ved alting,
Fordi jeg intet ved.

Melodien dør ud
Lige så uventet,
Som den kom,

Jeg sidder
Alene tilbage,
I min uvidenheds
Skyggeland.

Englelyd

Ukendte lydes
Fragtale mønstre
Fylder stuen helt
I tidløs forventning
Violoncellens dybe sang
Dens dybe efterklang
I mine egne viltre
Tanker

Oboens
Gyldne strofer
Lejrer sine håb
I sindets vildnis
Med tidernes
Toner

Fanget
I sofadybet
Synker jeg dybt
I *klarinettens* vemod
Gennem øjeblikkes
Femte dimension
Stjernerne derude
Blinker blidt
Bag Månens
Sølvlys

Det der sker
Om lidt eller
Om tusind år
Sker måske aldrig
Eller skete i går
Måske nu

Med øjnene
Lukkede ser jeg
Himlens Mikael
Hører *basuner*
Og blå toner
Som kommer
Fra mit sorte *flygel*

Lyden af *stilhed*
Vækker mine
Hvide længsler
Jeg mærker bankende
Livsbekræftende
Hjerteblods
Livspuls
Som håb
Mit eget håb.

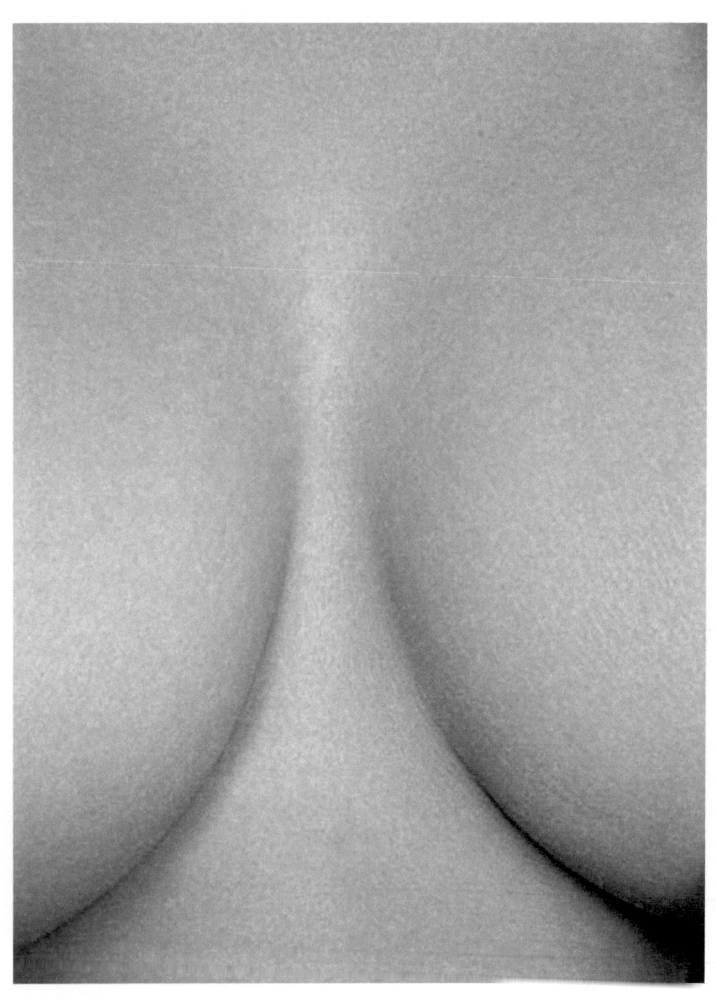

Skaberkraft

Haiku ved vand

Jeg står stille her
Mit hjerte banker ensomt
Tanker på vej bort

Længslen efter dig
Fylder mig med sjælesorg
Vemod i farver

Natten lukker sig
Med ubarmhjertig glemsel
Skyggers barske liv

Månens kolde sølv
Suger liv af stjernestøv
Kold vind på kinden

Vandet risler blidt
Uendelighedens lyd
Sivene svajer

Fjernt flyver fugle
Ind i morgenrødens lys
Farvesymfoni

Med celloens klang
Når buen langsomt stryges
Svæver drømme frit

Små blanke bølger
Ilingers forgyldte skær
Bærer os over

Du står i disen
Uventet og smilende
Din hånd møder min

Kysset lover os
Somrenes blå evighed
Kærligheds styrke

På den anden bred
Vandrer vi mod lysets glød
Ad grønne stier

Mod fjerne horisonter

Det uundgåelige

Se! *Den sorte ravn kommer*
Måske er det Hugin
Eller Munin fra Valhal
På vejen til Odin?

Se! *Den sorte ravn flakser*
Om kirkens røde tårn
Bringer måske et budskab
Fra selve mørkets land?

Se! *Den sorte ravn skinner*
Fra sine blanke fjer,
Engang hvide som sneen,
Hør ravnens dunkle sang!

Se! *Ravnen æder sjæle*
Fra de hvileløse,
Se! Ravnen slukker tørsten
I nattens stjerneguld.

Se! *Ravnen lander på mig*
Den har budskab med sig,
Hør! Ravnens hæse tale
Den fortæller om liv!

Det er i tidløsheden
Fortid bliver fremtid
Øjeblikket er mit lys
Jeg kan se fremtiden.

Udelukkelsen

Huldre fra havet

Regnvåde tusmørkemarker
Fra Elverfolkets gråblå dis
Kommer en kvindeskikkelse
Langsomt truende nærmere.

Hendes ansigt er ungt og smukt
Blikket intenst, iskoldt og klart
Skikkelsen synes underfuld
Fuldendt og fuldstændig perfekt

Regndråber i strimer drypper
Tunge og enerverende
Fra hendes lange, lyse hår
Viltert hvirvlende i vinden.

Han træder helt ud til siden
Vælger en anden vej herfra.
Han ser ingen muligheder,
Hun må ikke fornemme ham.

I hans bryst vokser brændende
Det ubærlige han ønsker
At blive den underskønnes
Evigt eneste udvalgte.

Hendes faste blik møder hans,
I passagens sekund intenst
Duften af kvinde rammer ham,
Vandpytten falder helt til ro.

Kynisk koldt fravalgte hun ham
Til sine fuldendte lænker;
Hun fortsatte med faste skridt
Efter udfordrende bytte

Sfærernes blide musik lød
Æterisk uhåndgribeligt,
Et uendeligt crescendo
Mod øjeblikkets horisont.

Lige under frakkekanten
Så han hendes sorte hale,
Huldrens farlige bomærke
Og ubegrænsede våben!

Med hurtige og faste skridt
Forsvandt hun ad Lillemaden
På den anden side fornuft,
Opslugt af tidløsheden selv.

Sangen om Larsen lever

Natten

Ude driver *natten* forbi
I klam blæsende december
Vi er vist glemt af stjernerne
I den langsomme kolde nat?

Nattens klamme kolde fingre
Klamrer sig fast til ruderne
Lokker os som sireners sang
Med drivende dis og elverfolk.

Natten vil nå helt ind til os
Ihærdigt og vedholdende.
Noget i natten når til os
Noget i os når til natten.

Natten tager vore tanker
Bærer dem ud og bort i blæst
Afsted til ukendt land og sted
Hvor ingen ny morgen findes.

Vinternat på vej

Samtale

Ordene kryber langs væggene
Klistrer fast under loftet,
Rækker af tanketvungne tegn
Bogstaver ophængt til tørre.

Også musikken og lydenes dans
Er i de hule lygtemænds greb,
Selv himlen og fuglene derude
Er ikke til hjælp eller salg,
Så lidt som murstenenes ælde
Og tidløse fortid i markens ler.

Budskaber findes i endeløse
Strimer af gråhed imellem os nu.
Lukker du sindet og vender dig,
Drysser de livløse adskilte ned;
De bliver til støv i solstriben,
Som udtørrer tankernes Bifrost.

Angsten for ordenes ørkenland
Vandrer sløvt på ømme fødder
Ad spor fra et udtørret tagdryp
Som en virkeligheds drømme.

Er du der til samtalens håb?
Lad mig lytte til dig igen en gang
Det må aldrig blive for sent
Tilgiv! Tag min udstrakte hånd!

Ildens kraft

Litteraturens parasit

Det skulle være sluttet her. Det ville have klædt lyrikken. Alligevel dukker til stadighed poesi op, hvor du mindst venter det; lige så iørefaldende som gamle slagere fra de sorte vinylers fjerne tid.

Altså stadigvæk poesi i verden. Den skrives, den bliver læst, fordi du læser den, ikke sandt? Denne redaktionelle annonce for poesi sælger nok næppe noget? På trods af det lokker den med sine vidunderlige farverige mirakler i dine tanker. Løfter og varm luft?

En enkelt bog fyldt med lyrik kan rumme, hvad tusind romaner aldrig finder plads til. Dagens mange talte ord kan siges med et enkelt digt.

Jeg siger pænt hej til dig, mit poesipublikum. Altså dig, der nåede ad ordenes vej helt hertil!

Poesi er måske litteraturens parasit? Hvilken brug har vi for bevidstheden? Hvad nytter en bevidsthed, hvis vi mangler poesi til at åbne bevidstheden og forstå vor verden?

Verden består, ordene står som kortprosa, der ser verden som ny. Det er et løfte i litteraturen om kunst og fantasi til dig, der læser.

Til dig, der stadig tør læse af lyst, med mod eller på trods, er verden stadig i farver.

Englene læser altid med dig

Empiri & Mystik

Empirismen er blot mystikkens søster,
Hende med florlette fine blå kjoler.
Empirien fastfryser kun kold logik,
Vi kan styre vor hele tankeverden.

Til dommedag alting klart i tankerne
Fornuftens ubegrænsede dominans.
Verden tømt for alt vi troede muligt,
Fantasien dør med mulighederne.

Med slut på fortolkningens åbne vidder
Kloner ingen mere perfektionen,
Så asymptotiske beregninger sker.
Utopier afskaffet uden planer.

Derfor efterlader vore spor i sand
Som vi lader bølgerne vaske rene
I mangel af drømme og utopier
Slutter bevidsthedens æra i foragt

Foragt for mennesket og selve livet
Kræver invitation til mystikken
Tilbage i lyset på dansegulvet
Fylde balkortets hemmeligheder op.

Smertens Kors

Blæsevejrstanker

Blæsten leger tagfat
Med de visne blade,
Ændrer på havens og
Græssets geografi
Hurtigere end selv
Forskellighederne
Bliver absorberet.

Som virkelighedens
Krav om forandringer
For forandringens skyld.

På den vis forstyrrer
Blæsten altså i dag
Mine tankebaners
Stilfærdige rammer
Med alverdens uro
og forestillinger
Om umulige ting

Skaber et univers
Af ligegyldighed.

Andre dage med blæst
Blæser blæsten også;
Men så bryder blæsten
Hul igennem til de
Indestængte tanker,

Gør verden fin og frisk
Opnåelig igen.

Farverne i musikkens verden

Fra Agersøs magi

Tag forsigtigt et af *strandkålens* blade
En stængel fra den blomstrende *tidsel*
Trekvart blad låner du fra *sukkertangen*
To blade fra Strandalléens *lindetræer*
Et umodent aks fra den langhårede byg
Det hele hakker du omhyggeligt og fint
Du blander det godt i et glas med *havvand*

Næste dag skal du give drikken dens magt,
Med dine *tanker* får du energi fra din krop
Til at oplade drikken med havets vilde kraft,
Husk hele tiden at røre langsomt i drikken.

Du udsiger nu tre gange hen over drikken
De magiske ord de klogeste før dig har talt:
"Jeg står her med bankende hjerte i dit lys,
Giv nu denne min drik havets kraft og magt,
Giv mig mod og viisdom til at bruge den."
Tilsæt god *brændevin eller brændenældete!*
Lad herefter din kraftfulde havets drik hvile.

Dagen efter tager du seks blå *cikorieblomster.*
Fem cikorier fordeler du på vejen mellem dig
Og den udkårne eller den, du vil alt det bedste.
Den sjette cikories blå kronblade brænder du
Blad for blad over et *vokslys* i dit eget hjem;
Mens du har den anden alene i dine tanker.

Så drikker du da din magtfulde drik i et drag.
Nu først har du overført *kærlighedens kraft.*

Den flittige Agersøtrold fra Tværbjerg

Det vilde ridt over Tværbjerg

Stormen rusker i vinternatten,
Blæsten hyler i kolde øren.
Pludselig høres lyd af torden,
Det glimter fra de vilde skyer

Se op til et fantastisk skue!
Det vildeste jagtselskab kommer,
Fantomheste, spøgelseshunde,
Krigere bag blodrøde skjolde.

Forrest rider vikingekongen,
Horik med Agger som sin væbner.
Bagerst i følget trælletoget!
Ud fra hestenes man står gnister.

De glammende hunde er sorte,
Deres øjne lysende røde.
Nyt bytte søger jagtselskabet
Som flænger uvejrsnatten itu.

Når jagtselskabet suser afsted
På uvejrshimlen over Tværbjerg
Med deres døde og udøde,
Så jager de levende sjæle.

Nu er det farligt for levende
Og dødelige mænd og kvinder.
Trællenettet truer deroppe.
Kig aldrig op på jagtselskabet!

Når stormen fra havet rusker i vinternatten

Smeltediglen

Bort med morgendisen
Blev klassisk stil borte.
Gentlemanden er død.

Eventyret er forbi,
Ganske uimodsagt.
Nedsmeltning et faktum.

Af smeltet voks, masker
Til mænd er dukket op.
Passende til tiden.

Det ydre vægtes højt,
Masker som værdier
I gadebilledet
Cykel med hjelm og barn,

Iført indkøbspose
Empati og hygge
Kongen i køkkenet
Familien, hende!

Splittet og tvivlende,
En feminin verden
Stadig skaffedyret
Kvinderne skabte ham.

Der var en gang

Er her nogen?

Er jeg mon formidleren
Af det der engang var,
Til det der faktisk er
Eller det der kommer?

Er du modtageren
Af det jeg bringer med
Fra den gang der var før
Til nu eller om lidt?

Der må være nogen
Klar til at modtage
Alt det jeg her står med
Nu eller bagefter?

Det meste bare spildt
Fra den gang, der var før,
Eller tidligere
Eller måske aldrig?

Er der mon slet intet
Vindue eller dør
Imellem dig og mig?
Vi skal overlevere,

Er der kun en forgyldt
Indbildskhed tilbage,
I et tomhedens skjul?
Er det der, vi er end?

The unspeakable

I take one last look
on my computer screen
Letting the keyboard rest.

Extinguished

I get up from the chair
Outside my window,
The autumn reigns

Dejected

I turn off my computer,
The silence after is noisy
My head can't take it in.

Emptiness

I do admit that a lot,
Can't be said nor written,
And what can't be concealed.

Lost

Time just passes on,
While it's getting night,
Music of the stars in the sky.

Deafening

Romantik

Tanker
Fantasiskabte
Tidløse verdner
Sandheds apologi

Skønhed
Det gode
Det håbefulde

Romantikkens treklang
Livets mening
Liv

Kærligheden

Vinterstilhed

Agersøs Pris

Melodi: Der er et Land

I Bæltets saltvandsfriske grønne Vove
Fik Agersø sin Plads paa Danmarks Kort.
Den hilser venligt ind til Stigsnæs Skove
Og ud til Sejlerne, der stævner bort
Mod fjerne Lande som vilde den sige:
"Tag en Hilsen med fra denne lille Ø"
En yndig Plet i gamle Danmarks Rige,
Her er det smukt at leve, tungt at dø.

Fra Omøsund til Egholms Bøgeskrænter
Blev Agersø i Havets Bølger lagt
Fra Storebælt den al sin Sundhed henter;
Mens den fra Omø staar for Sjælland vagt.
Her Helholms Fyr til Omøfyret blinker
Og leder Skibene fra Havn til Havn,
Mens Øens lave Kyster venligt vinker
Med Hilsen "Agersø," det er mit Navn.

Her er det let at føle sig som hjemme,
Hvor der er langt til Verdens vilde Larm,
Og Øens Navn det hviskes med en Stemme,
Som gør hver Agersøbo hjertevarm.
En lille Plet kun mellem Danske Lande;
Men kær for den, der her fik deres Bo.
De alle sikkert om Øen sande:
At her kan skønne Mindeblomster gro.

Piet Hein
*Skrevet på Agersø som hans Gave
til den grønne Ø i det blaa Hav.*

Fortids lyd lever i nutids øren

Kvinden fra havet

I dag lader jeg tankerne flyve frit,
Jeg sidder her ved havstokken og lytter
Til havets brus og lærkerne og blæsten.
En overjordisk symfoni i ørene.

Fra et stort usynligt skib med røde sejl,
Stiger en kvinde smilende i land.
Hendes lange våde kjole er havgrøn.
Kvinden fra havet medbringer altid bud.

Nu er det så min tur til at vide det,
Alt det unævnelige, der nok skal ske.
Som I andre før mig kæmper jeg imod,
Viden fra havet uigenkaldelig.

Ufrivilligt kommer budskab fra havet
Kan være uendelig tungt at bære.
Hurtig som en iling er hun væk igen,
Det uendelige fylder tankerne.

Måske det blot er blå tanker ved havet?
Måske er jeg forenet med hav og ø?
Måske fortællingen er virkelighed?
Måske jeg blot gav efter og tog imod?

En høj, blå himmel, hav og ø og blæsten
Kan åbne sindet og give plads til ro.
Helt uforklarligt, alligevel simpelt.
Tør du følge med på den sindets rejse?

Himmel & hav og lærkesang & blæst mødes

Mysteriet

Rummene
Strækker sig
Som katte i en stribe morgenlys
Jeg hører lyden af dine fodtrin,
Du går ned ad trappen til entreen
Jeg bliver liggende i sengen
Opdager efter et stykke tid
At jeg bare har stirret ind i væggen
Mens væggen høfligt stirrede tilbage
Ingenting sker, slet ingenting
Det ser ud til at fortsætte for evigt
Indtil jeg vælger at trækker mig væk
Og forsøger at falde i søvn igen
Prøver at samle mig selv op
Finde på noget

Så jeg kommer til et sted
Hvor al bekymring blot er en let støvregn
Over vasketøjet, der blev derude
Et sted, hvor jeg ikke længere
Føler det nødvendigt at bekymre mig om
Hvad folk gør ved hinanden ude i verden
Et sted, jeg aldrig før har talt om
Og heller aldrig har fortalt
At jeg engang sad netop der
Og kølede min hede pande
Jeg så alting for mig
Jeg så hele mit liv
Jeg så ringene på vandet
Sorte som gammelt sølv

Tanker i vinterskumring

Det blev sagt

Sagde jeg virkelig det? Dybtfølt og hudløst ærligt og med tyngde, som var det noget jeg faktisk vidste noget om? Meget mærkeligt! jeg anede slet ikke, at mine tanker kunne sno sig så subtilt og ekstremt? Hvor kom ordene fra?

Altså! Jeg husker det, som om jeg sagde det. Så sagde jeg det vel også? Når mit hoved nu ved sådan noget, hvorfor sagde jeg det så intuitivt og ubekymret som sandheden selv og tænkt af Platon eller en anden klogert? Så burde jeg vel netop også have vidst bedre og bare holdt min mund? Jeg er bare mig, det ved jeg da. Intuitiv og impulsiv, muligvis nok; men også temmelig langsom, vel nærmest lidt sløv eller noget tror jeg måske nok? Ja, sådan er det helt sikkert!

Sagde jeg virkelig det, så har jeg da et problem med tårnhøje, umulige forventninger til det næste utålelige sludder, min underbevidsthed finder på at lukke ud i verden, når jeg allermindst ønsker eller venter det.

Tænk! Nu tror I så allesammen, min tanke, fritsvævende og oprørsk, er et nyt filosofisk guldkorn, noget meget klogt, I skal forholde jer til her og ind i evigheden! Det er bare for vildt, og så er det ikke engang første gang, det sker. Næste gang tier jeg stille. Helt stille, hvis jeg fanger min løbske tanke i flugten. Håber jeg da!

Min have, svampenes og livets tag-selv-bord!

Vore vilde viljer

Vi siger vel
Vi så gerne vil
Hvad vi kan?

Vi tror vel
Vi så gerne vil
Hvad vi kan.

I virkeligheden
Kan vi sjældent
Hvad vi vil.

Vil vi så det
Vi alligevel kan
Fordi vi kan?

Det vil jeg
Så gerne vide
Om vi kan!

Vil vi viljen
Den vilde vilje
Når vi kan?

Kærlighedens vilje vil

Indsigtens Univers

Mange
Aner nok noget
Om det her.

Mange af dem,
Der har set det,
Forstår sikkert også,
At der fra dette udsyn
Over verden
Er noget bagved
Ydre former.

Farverne
Bliver varme,
Som den ilende tid,
Skiftende trends
Løbende konflikter
Transformeres
I sjæledybet.

Den brændende ånd
Kan give varme
Livskraft måske?
Til frosne positioner;
Smelter gør de,
Når øjeblikket
Sprænges
Af indsigtens
Ubønhørlige
Klarlys.

Klogeuglen ser dig!

Det ubegribelige er her

Det regner i strømme
Uophørligt enerverende

Kæmpeasken
Selveste Yggdrasil
Med sine krogede grene
Spadserer langsomt
Forbi mit vindue!

Jeg undres, sindet åbent
Accepterer verden
Mangfoldigheden

Regnvåd virkelighed
Klam og kold derude

Herinde varmt trygt
Brændeovnen buldrer
Gylden utidighed

Regnen hører op
Dryppene tilbage
Forfrisket fornyet
Hemmelighedsfuldt

Et ærinde udført
Jeg ikke kender
Yggdrasil vandrer hjem
Før solen kommer
Og mine tanker forstår

"Blækhuset," Agersø. Her skrives og fortælles!

www.newpub.dk